音楽演奏の楽しみを、もっと身近に、もっと手軽に

Recorder JP

アルトリコーダー用 伴奏CDブック

ルイエ
ソナタ イ長調 作品3-11

J.B.Loeillet

通奏低音実施 by 森 好美

リコーダー
◆グレートクラシックス◆

RG-094

RJP

★ちょっぴり解説★

たくさんのソナタを書いてくれた J.B. ルイエ

●フランスで活躍

　ジャン・バプティスト・ルイエはバッハやヘンデルとほぼ同世代のフランドル（現在のベルギー）の作曲家で、1688年に洗礼を受けた記録がありますが、没年は不明です。

　ルイエの一族は音楽家が多く、全く同じジャン・バプティスト・ルイエという名の従兄がロンドンで活躍していたため、こちらのルイエは「ルイエ・ド・ガン（ガンのルイエ）」などと呼んで区別します。フランスのリヨンの大司教に仕えた音楽家でした。

●リコーダーソナタ集を続けさまに出版

　彼の作品1から4が、いずれもアムステルダムで出版された「リコーダーと通奏低音のための12のソナタ」で、合計48曲のリコーダーソナタがあることになります。作曲家としての本格的キャリアをリコーダーのソナタで始め、自分の作曲活動の中心にしていたわけですから、リコーダーファンにとっては嬉しい話ですね。

　ちなみに、この12という数字は、こんにちも日時を数える文化に残る古い12進法の背景を持っており、「1ダース」などという単位にもなっている数です。ことにキリスト教の「12使徒」の数でもあることから、好んで用いられた数でした。ですから、ルイエに限らず、12曲とか24曲、または6曲をまとめて出版するようなことが、よく行われていました。

　この後、フルートやバイオリンなどを用いるトリオソナタやデュエットを書いていたようですが、若くして亡くなってしまったようにも思われます。（確かなことは私が調べ得た範囲ではわかりませんでした。一説には1720年ごろに没したといいます。）

　※　作品の出版年については文献によって記載が違っていますが、いずれにせよ1705年ごろから1715年ごろにかけて出版されたのは間違いないようです。

ルイエのソナタについて

　ルイエのソナタは「玉石混交」と言われたりもしますし、たしかにある程度の出来不出来は当然ありますが、どれもある程度以上は楽しめる作品になっています。

　ヘンデルなどの大家に比べると概して可憐な感じの作風で、それが小粒な印象を与えがちです。しかし、これだけたくさんのソナタを残してくれているだけに、本格的な構成の楽章のほかに、舞曲ふうの楽章やフーガの楽章など、内容的にもさすがに多彩。次から次にくり

出される豊富な楽想が楽しめます。特有のモダンな感じの和声もみられて、みずみずしい叙情があふれ、アマチュアが演奏して楽しむにはどのページも楽しい内容に満ちているといえるでしょう。

　プロ奏者の先生がたはそんなにしょっちゅう取り上げるわけではありませんので、アマチュアの私たちにはどのように演奏すればよいかのお手本がない、未知数な曲がたくさんあります。でも、これらのルイエのソナタは明らかに私たちアマチュアのために書いてくれたものなのですから、難しく考えず音楽の流れに身を委ねて楽しめばよいと思います。

イ長調　作品３－１１のソナタについて

　前奏曲と舞曲から成る組曲の体裁で、６つの楽章から成っています。イ長調というリコーダーにとってはやや演奏し辛い調ですが、響きが美しくて演奏して本当に楽しい作品です。

　第１楽章はラルゴ（はば広く）、４分の４拍子。やや細かなリズムで歌っていきます。

　第２楽章はアルマンドで、ヴィヴァーチェ（生いきと）、２分の２拍子。発想記号でも示されているとおり、弾むように生きいきした音楽です。指回りの点ではこの楽章がもっとも難しいということになるでしょう。

　第３楽章はポコ・アレグロ（やや快活に）と指定された４分の２拍子で、ルイエらしい飄々としたガボットです。ルイエのガボットは音符が大きくて平明な曲が多いのですが、この曲もその例にもれず、４分音符が主体ですからかなり速く演奏しても難しくはありません。

　第４楽章はサラバンド、ラルゴと指定された４分の３拍子の曲です。サラバンドの落ちついたリズム感でおだやかに歌っていきますが、最後の方には付点のリズムも出てきて味がついています。

　第５楽章はアフェトゥオーゾ・エト・ポコ・ラルゴ（愛情深く、そしてやや幅ひろく）と指定されたシチリアーナで、８分の６拍子です。シチリアーナとなっていますが、特有の付点のリズムが出てきませんので、少しノリが違う感じがします。もしかすると奏者が勝手に付点のリズムを取り入れてもいいのかも知れませんが、ここでは伴奏も含め普通に弾きました。

　第６楽章はヴィヴァーチェのジークで、８分の６拍子。小粒な引き締まった終曲です。

リコーダーJPディレクター　石田誠司

第３楽章

演奏者について

　チェンバロ伴奏は森好美さんの通奏低音実施にもとづき、石田誠司が制作しました。使用楽器はリコーダーJP 所有のデジタルサンプリング音源です。
　演奏例のリコーダー演奏も石田です（へたくそですみません）。

第4楽章

第5楽章

第6楽章

J. B. Loeillet Sonata A Major Op. 3-11

Basso Continuo Realization : Yoshimi Mori

2nd Mvt.

3rd Mvt.

※ 原譜（ロジャー版ファクシミリ）では、この付点4分音符が二分音符になっています。

4th Mvt.

Sarabanda Largo

5th Mvt.

Siciliana   Affettuoso et Poco Largo

6th Mvt.

伴奏ＣＤつき曲集シリーズ　リコーダーＪＰ　コンテンポラリー
■現代作家がアマチュアリコーダーファンのために書いた、チェンバロ伴奏リコーダー曲集！

RC-001 ●山岸恵子の世界　～お洗濯のワルツ　ほか～　（１０５０円）
　　　　・現代的でポップな曲調のデュエット（ＡＡ）３曲と、やさしい独奏曲（Ａ）１曲を収録。

RC-002 ●新井雅之　アルトリコーダーのためのバロック風組曲　（１１５５円）
　　　　・古典的格調に加え、ダイナミックさ、ロマン性、軽妙なユーモアなどをそなえた名組曲（Ａ）。

RC-003 ●髙橋たかね　初心者二人で楽しむデュエット集　（１０５０円）
　　　　・リコーダーを始めて１日か数日という超初心者二人でも楽しめる画期的な曲集（ＡＡ）。

RC-004 ●近藤浩平作品集　～山小屋の４つの窓　ほか～　（１１５５円）
　　　　・多彩な魅力に満ちた表題曲の他、やさしく演奏できるデュエット（ＡＡ）２曲を収録。

RC-005 ●赤松義夫作品集　～２匹のオランウータン　ほか～　１１５５円）
　　　　・ベテラン作家が音たちへのいつくしみをこめたデュエット（ＡＡ）３曲・独奏曲（Ａ）２曲。

RC-006 ●森好美作品集　～雪の帰り道　ほか～　（９４５円）
　　　　・新鮮な響きが演奏する者・聴く者を魅了するデュエット集（ＡＡ）。

RC-009 ●松崎泰治　組曲「過ぎ行く季節に」（１０５０円）
　　　　・繊細な叙情でつづる雪国の四季。初・中級者が幅広く楽しめる珠玉の４曲（Ａ）。

マイナスワンＣＤつきピース　リコーダーＪＰ　アラカルト
■曲の内容に合わせた仕様の各種マイナスワン（マイナスツーなどを含む）ＣＤと楽譜のセットです。すべてモダンピッチ用。Ａ５版　各１６～３２ページ　ＣＤ１枚つき

RL-001 ●パッヘルベルのカノン　アルト用　945円
RL-002 ●グラウンド上のグリーンスリーブズ　アルト用　945円
RL-003 ●フーガの技法　第１番（バッハ）　ソプラノ・アルト・テナー・バス用　945円
RL-004 ●カノンによるソナタ　第１番（テレマン）　アルト用　945円
RL-005 ●カノンによるソナタ　第３番（テレマン）　アルト用　945円
RL-006 ●パストラル/イマーゴ（小竹知紀）　ソプラノ・アルト・テナー・グレートバス用　945円
RL-007 ●ブランデンブルグ協奏曲　第４番　第１楽章　アルト用　945円
RL-008 ●ブランデンブルグ協奏曲　第４番　第２・３楽章　アルト用　945円
RL-009 ●シックハルト『リコーダーの原理』第１分冊　アルト用　945円
RL-010 ●シックハルト『リコーダーの原理』第２分冊　アルト用　945円
RL-011 ●クリーガーの主題による変奏曲（松崎泰治）　ソプラノ・アルト用　945円
RL-012 ●シックハルト『リコーダーの原理』第３分冊　アルト用　945円
RL-013 ●シックハルト『リコーダーの原理』第４分冊　アルト用　945円
RL-014 ●アルペジョーネソナタ（シューベルト）　第１楽章　アルト用　945円
RL-015 ●アルペジョーネソナタ（シューベルト）　第２・第３楽章　アルト用　1470円

以下続巻

伴奏CDブック

リコーダーJP　マイチェンバリスト

- 市販のリコーダー用曲集を生かしたCDブック。「やれれば面白そうなんだけど、伴奏を弾いてくれる人がいない」という悩みを解消し、市販曲集の利用価値を飛躍的に高める。
- 特別な事情や必要がない限り楽譜は収録していませんので、必ずCDブックがテキストにしている各社の市販曲集を併せてご利用ください。

A5版　各16～32ページ　CD1枚つき

●「全音多田シリーズ」を10倍楽しむ伴奏CDブック　Vol.8-1　RM-001　1050円

テキスト：全音楽譜出版社『ソプラノリコーダーと鍵盤楽器のための30名曲選』（多田逸郎　著）
収録曲目：故郷（文部省唱歌）　朧月夜（文部省唱歌）　運命（W．バード）　他　全10曲

●「全音多田シリーズ」を10倍楽しむ伴奏CDブック　Vol.8-2　RM-002　1050円

テキスト：全音楽譜出版社『ソプラノリコーダーと鍵盤楽器のための30名曲選』（多田逸郎　著）
収録曲目：冬景色（文部省唱歌）　涙のパヴァーヌ（J．ダウランド）　他　全10曲

●「全音多田シリーズ」を10倍楽しむ伴奏CDブック　Vol.8-3　RM-003　1050円

テキスト：全音楽譜出版社『ソプラノリコーダーと鍵盤楽器のための30名曲選』（多田逸郎　著）
収録曲目：メヌエット　ト短調（バッハ）　おお　いとしき君よ（W．バード）　他　全10曲

●「全音多田シリーズ」を10倍楽しむ伴奏CDブック　Vol.1-1　RM-004　1050円

テキスト：全音楽譜出版社『ソプラノリコーダーと鍵盤楽器のためのバロック名曲選』（多田逸郎　著）
収録曲目：コレルリ　ソナタ（作品5-8）　第1～第4楽章

●「全音多田シリーズ」を10倍楽しむ伴奏CDブック　Vol.1-2　RM-005　1050円

テキスト：全音楽譜出版社『ソプラノリコーダーと鍵盤楽器のためのバロック名曲選』（多田逸郎　著）
収録曲目：ファンタジー　ポロノワーズ　他3曲（以上テレマン）　エール　ロンド　他2曲（以上　H．パーセル）

●「全音多田シリーズ」を10倍楽しむ伴奏CDブック　Vol.1-3　RM-006　1050円

テキスト：全音楽譜出版社『ソプラノリコーダーと鍵盤楽器のためのバロック名曲選』（多田逸郎　著）
収録曲目：シェメッリ歌曲集より9つの歌他（以上バッハ）、他にヘンデル・クリーガーの5作品

●「全音多田シリーズ」を10倍楽しむ伴奏CDブック　Vol.4-1　RM-007　1155円

テキスト：全音楽譜出版社『二本のアルトリコーダーと鍵盤楽器のための名曲選』（多田逸郎　著）
収録曲目：シンフォニア（ヘンデル）　これはなんとすばらしい音だ（モーツァルト）　他　全10曲

伴奏CDつき曲集シリーズ
リコーダーＪＰ　アレンジメンツ

■耳に馴染んだ名曲・名歌の数々を手軽にチェンバロ伴奏のアルトリコーダーで！
■全曲のリコーダーパート譜・スコアを収録した解説つき冊子とCDのセット。
■CDにはチェンバロ伴奏と演奏例を収録

RA-001　●クラシック名曲集（1）　945円
　　　　　トロイメライ（シューマン）　メヌエット（ベートーヴェン）　恋とはどんなものかしら（モーツァルト）

RA-002　●サティーのジムノペディー　945円
　　　　　ジムノペディー第1番　ジムノペディー第2番　ジムノペディー第3番

RA-003　●日本の名歌（1）　945円
　　　　　海（文部省唱歌）　荒城の月（瀧廉太郎）　故郷（文部省唱歌）

RA-004　●バッハ名作集（1）　945円
　　　　　G線上のアリア　シチリアーノ　バッハのメヌエット

RA-005　●ロマン派名曲集（1）　945円
　　　　　愛の挨拶（エルガー）　春の歌（メンデルスゾーン）　アルルの女のメヌエット（ビゼー）

RA-006　●ロマン派名曲集（2）　945円
　　　　　シチリアーノ（フォレ）　ユモレスク（ドボルジャーク）　白鳥（サン＝サーンス）

RA-007　●クラシック名曲集（2）　945円　※この製品は伴奏のテンポが3種類ずつです
　　　　　クラリネット協奏曲より（モーツァルト）　セレナーデ（ハイドン）　メヌエット（ハイドン）

RA-008　●世界の名歌　アメリカ（1）　945円
　　　　　スワニー河（フォスター）　主は冷たい土の下に（フォスター）　家路（ドボルジャーク）

RA-009　●ジブリ名曲集（1）　945円　※この製品の伴奏テンポは各曲1種類ずつです
　　　　　もののけ姫（久石　譲）　いつも何度でも（木村　弓）　君をのせて（久石　譲）

RA-010　●日本の名歌（2）　中田喜直作品集　1050円　※伴奏テンポは1種類　デュエットでも演奏できます
　　　　　ちいさい秋みつけた　心の窓にともし灯を　夏の思い出

以下　続巻

リコーダーＪＰ　シートミュージック

■大版（A4版）の楽譜製品。（CDはついていません。※2008年より従来の菊倍版から仕様変更しました）

●小竹知紀　パストラル／イマーゴ　　　　　　　　　　RF-001　（840円）
　S・A・T・GBによる四重奏曲2曲。 GBはBでもかなりよい効果を上げられよう。 魅惑的な珠玉の2作品。

●青島広志　音楽の夜会　　　　　　　　　　　　　　RF-002　（1050円）
　S・A・T・Bの編成による四重奏組曲。1999年に吉澤実・金子健治らによって初演された名品。

●松崎泰治　クリーガーの主題による変奏曲　RF-003　（735円）
　S・A 二重奏による、よく知られたメヌエットの主題と 8 つの多彩な変奏曲。

リコーダーＪＰ　アコースティック

■生録音の伴奏CDつき。楽譜は「弾きやすい通奏低音実施」で、鍵盤楽器とのアンサンブルにも便利！

■ ヘンデル
RE-001　ソナタ　ハ長調　HWV365

■ テレマン
RE-002　ソナタ　ヘ短調　忠実な音楽の師より

伴奏CDつき リコーダー音楽叢書

■個人の愛蔵、学校・施設の備品に適した永久保存版。上装・大版(A4版)の見やすい楽譜。

SR-001	G.F.ヘンデル ソナタ集 第1巻 (3990円)	ト短調 HWV360／イ短調 HWV362／ハ長調 HWV365
SR-002	G.F.ヘンデル ソナタ集 第2巻 (3990円)	ニ短調 HWV367a／変ロ長調 HWV377／ヘ長調 HWV369
SR-003	G.P.テレマン ソナタ集 第1巻 (3990円)	ハ長調 TWV41:C2／変ロ長調 TWV41:B3／ヘ短調 TWV41:f1
SR-005	G.P.テレマン ソナタ集 第2巻 (3990円)	ヘ長調 TWV41:F2／ニ短調 TWV41:d4／ハ長調 TWV41:C5
SR-004	B.マルチェロ ソナタ集 第1巻 (3990円)	ヘ長調 作品2-1／ニ短調 作品2-2／ト長調 作品2-3
SR-013	B.マルチェロ ソナタ集 第2巻 (3990円)	ホ短調 作品2-4／ト長調 作品2-5／ハ長調 作品2-6
SR-020	B.マルチェロ ソナタ集 第3巻 (3990円)	変ロ長調 作品2-7／ニ短調 作品2-8／イ長調 作品2-9
SR-030	B.マルチェロ ソナタ集 第4巻 (3990円)	イ短調 作品2-10／ト短調 作品2-11／ヘ長調 作品2-12
SR-006	J.B.ルイエ ソナタ集 第1巻 (3990円)	イ短調 作品1-1／ニ短調 作品1-2／ト長調 作品1-3
SR-014	J.B.ルイエ ソナタ集 第2巻 (3990円)	ヘ長調 作品1-4／変ロ長調 作品1-5／ハ長調 作品1-6
SR-017	J.B.ルイエ ソナタ集 第3巻 (3990円)	ハ短調 作品1-7／ニ短調 作品1-8／ト長調 作品1-9
SR-019	J.B.ルイエ ソナタ集 第4巻 (3990円)	ヘ長調 作品1-10／ト長調 作品1-11／ホ短調 作品1-12
SR-021	J.B.ルイエ ソナタ集 第5巻 (3990円)	ヘ長調 作品2-1／ト長調 作品2-2／ニ短調 作品2-3
SR-023	J.B.ルイエ ソナタ集 第6巻 (3990円)	変ロ長調 作品2-4／ハ長調 作品2-5／ト長調 作品2-6
SR-025	J.B.ルイエ ソナタ集 第7巻 (3990円)	ホ短調 作品2-7／ヘ長調 作品2-8／ト長調 作品2-9
SR-027	J.B.ルイエ ソナタ集 第8巻 (3990円)	ニ長調 作品2-10／ト長調 作品2-11／イ短調 作品2-12
SR-029	J.B.ルイエ ソナタ集 第9巻 (3990円)	ハ長調 作品3-1／変ロ長調 作品3-2／ヘ長調 作品3-3
SR-031	J.B.ルイエ ソナタ集 第10巻 (3990円)	ト長調 作品3-4／ハ長調 作品3-5／ホ短調 作品3-6
SR-033	J.B.ルイエ ソナタ集 第11巻 (3990円)	変ホ長調 作品3-7／ヘ長調 作品3-8／変ロ長調 作品3-9
SR-024	J.S.バッハ ソナタ集 第1巻 (3990円)	ハ短調（原曲ロ短調）BWV1030／ハ長調 BWV1033
SR-028	J.S.バッハ ソナタ集 第2巻 (3990円)	ヘ長調（原曲変ホ長調）BWV1031／ト短調（原曲ホ短調）BWV1034
SR-032	J.S.バッハ ソナタ集 第3巻 (3990円)	ト長調 BWV1020／ヘ長調（原曲ホ長調）BWV1035
SR-007	バルサンティ ソナタ集 第1巻 (3990円)	ニ短調 作品1-1／ハ長調 作品1-2／ト長調 作品1-3
SR-015	バルサンティ ソナタ集 第2巻 (3990円)	ハ短調 作品1-4／ヘ長調 作品1-5／変ロ長調 作品1-6
SR-035	サンマルティーニ ソナタ集 第1巻 (2940円)	第1番 ヘ長調／第2番 ト長調 （A A B.C.)
SR-022	サンマルティーニ ソナタ集 第3巻 (2940円)	第5番 ヘ長調／第6番 ニ短調 （A A B.C.)
SR-008	サンマルティーニ ソナタ集 第4巻 (2940円)	第7番／第8番 ヘ長調 （A A B.C.)
SR-009	シックハルト ソナタ集 第1巻 (3990円)	ハ長調 作品30-1／ハ短調 作品30-2／変ニ長調 作品30-3
SR-026	シックハルト ソナタ集 第2巻 (3990円)	嬰ハ短調 作品30-4／ニ短調 作品30-5／ニ長調 作品30-6
SR-016	ヴェラチーニ ソナタ集 第1巻 (3990円)	第1番 ヘ長調／第2番 ト長調／第3番 ニ短調
SR-034	ヴェラチーニ ソナタ集 第2巻 (3990円)	第4番 変ロ長調／第5番 ハ長調／第6番 イ短調
SR-018	F.マンチーニ ソナタ集 第4巻 (3990円)	第10番 ロ短調／第11番 ト短調／第12番 ト長調
SR-010	アルトリコーダーステップバイステップ（大版）第1巻 (2310円)	
SR-011	アルトリコーダーステップバイステップ（大版）第2巻 (2310円)	
SR-012	アルトリコーダーステップバイステップ（大版）第3巻 (2310円)	

リコーダーソナタ伴奏 CD ブック 定価945円(税込)

■モダンピッチ・バロックピッチのチェンバロ伴奏と、演奏例を収録。もちろん楽譜つき。
■現代の作曲家による、アマチュアが演奏を楽しむための積極的な通奏低音実施。

■ヘンデル
RB-001A	ソナタ	ト短調	HWV360
RB-002A	同	イ短調	HWV362
RB-003A	同	ハ長調	HWV365
RB-004A	同	ハ長調	HWV367a
RB-011	同	ヘ長調	HWV369
RB-013	同	変ロ長調	HWV377

■テレマン
RB-005A	ソナタ	ハ長調	「音楽の練習帳」より
RB-006A	同	二短調	「音楽の練習帳」より
RB-007	同	ヘ長調	「忠実な音楽の師」より
RB-012	同	ヘ長調	「忠実な音楽の師」より
RB-014	同	ヘ長調	「忠実な音楽の師」より
RB-015	同	変ロ長調	「忠実な音楽の師」より
RB-016	同		「小ヘ短調」

■バッハ
RB-008	ソナタ	ト短調	BWV1020
RB-009	同	イ長調	BWV1030より
RB-010	同	ヘ長調	BWV1031より
RB-017	同	ハ長調	BWV1033
RB-017S	同	変ロ長調	BWV1033より
RB-018	同	ハ長調	BWV1014より
RB-019	同	ト長調	BWV1034より
RB-020	同	ヘ長調	BWV1035より
RB-021	同	ハ短調	BWV1030より
RB-022	同	変ロ長調	BWV1015より

※RB-017Sはソプラノ用です。

■ルイエ
RG-008	ソナタ	イ短調	作品1-1
RG-010	同	二短調	作品1-2
RG-011	同	ト長調	作品1-3
RG-001A	同	ヘ長調	作品1-4
RG-002	同	変ロ長調	作品1-5
RG-003	同	ハ長調	作品1-6
RG-014	同	ハ長調	作品1-7
RG-015	同	二短調	作品1-8
RG-017	同	ト長調	作品1-9
RG-020	同	ヘ長調	作品1-10
RG-023	同	ト短調	作品1-11
RG-026	同	ホ短調	作品1-12
RG-029	同	ヘ長調	作品2-1
RG-030	同	ト長調	作品2-2
RG-032	同	二短調	作品2-3
RG-034	同	変ロ長調	作品2-4
RG-036	同	ハ長調	作品2-5
RG-038	同	ト長調	作品2-6
RG-043	同	ホ短調	作品2-7
RG-046	同	ヘ長調	作品2-8
RG-048	同	ト長調	作品2-9
RG-053	同	二長調	作品2-10
RG-056	同	ト長調	作品2-11
RG-058	同	イ短調	作品2-12
RG-061	同	ハ長調	作品3-1
RG-064	同	変ロ長調	作品3-2
RG-068	同	二長調	作品3-3
RG-070	同	ト長調	作品3-4
RG-071	同	ハ長調	作品3-5
RG-073	同	ホ短調	作品3-6
RG-075	同	変ホ長調	作品3-7
RG-078	同	ヘ長調	作品3-8
RG-083	同	変ロ長調	作品3-9
RG-090	同	二短調	作品3-10
RG-094	同	イ長調	作品3-11

■シックハルト
RG-006	ソナタ	1番	ハ長調
RG-007	同	2番	ハ短調
RG-009	同	3番	変ニ長調
RG-013	同	4番	嬰ハ長調
RG-041	同	5番	二長調
RG-074	同	6番	二短調
RG-084	同	7番	変ホ長調

■シェドヴィル(シェドヴィーユ)
RG-081	ソナタ	忠実な羊飼い	1番 ハ長調
RG-042	同		2番 ト長調
RG-088	同		3番 ト長調
RG-095	同		4番 変ロ長調
RG-019	同		6番 ト短調

■バルサンティ
RG-027	ソナタ	二短調	作品1-1
RG-022	同	イ長調	作品1-2
RG-025	同	ト短調	作品1-3
RG-033	同	ハ短調	作品1-4
RG-035	同	ヘ長調	作品1-5
RG-039	同	変ロ長調	作品1-6

■D.パーセル
RG-031	ソナタ	第1番	ヘ長調
RG-069	同	第2番	二短調
RG-085	同	第3番	ハ長調

■マルチェロ
RG-037	ソナタ	ヘ長調	作品2-1
RG-021	同	二短調	作品2-2
RG-047	同	イ短調	作品2-3
RG-051	同	ホ短調	作品2-4
RG-057	同	ト長調	作品2-5
RG-016	同	ハ長調	作品2-6
RG-018	同	変ロ長調	作品2-7
RG-059	同	二短調	作品2-8
RG-065	同	ハ長調	作品2-9
RG-067	同	イ短調	作品2-10
RG-080	同	ト短調	作品2-11
RG-044	同	ヘ長調	作品2-12

■ヴェラチーニ
RG-045	ソナタ	第1番	ヘ長調
RG-066	同	第2番	ト長調
RG-024	同	第3番	二長調
RG-079	同	第4番	変ロ長調
RG-086	同	第5番	ハ長調
RG-076	同	第6番	イ長調
RG-091	同	第7番	イ短調

■サンマルティーニ
RG-072	ソナタ	1番	ヘ長調
RG-082	同	2番	ヘ長調
RG-087	同	3番	ヘ長調
RG-062	同	5番	ヘ長調
RG-004	同	6番	二短調
RG-012	同	7番	ヘ長調
RG-005	同	8番	ヘ長調

※サンマルティーニのソナタは2本のアルトと通奏低音のためのソナタです

■ビガリア
RG-028	ソナタ	イ短調

※ビガリアのソナタはソプラノ用です

■マンチーニ
RG-060	ソナタ	第10番	ロ短調
RG-040	同	第11番	ト短調
RG-063	同	第12番	ト長調

■ガリアルド
RG-049	ソナタ	第1番	ハ長調
RG-054	同	第2番	二短調
RG-092	同	第3番	ホ短調

■ペープシュ
RG-055	ソナタ	第1番	ハ長調
RG-089	ソナタ	第2番	二短調

■アルビノーニ
RG-093	ソナタ	イ短調	作品6-6

■田淵宏幸
RG-050	ソナタ・イタリアーナ	

※RJP委嘱作品、モダンピッチ伴奏のみ

■森 好美
RG-052	幻想曲ふうソナタ	ホ短調

※RJP委嘱作品、モダンピッチ伴奏のみ

■高橋たかね
RG-077	「秋草」

※アルトリコーダーとチェンバロのための幻想曲

以下 続巻

リコーダーJP 友の会のご案内

(1) リコーダーJP製品を愛してくださるみなさんの会が「リコーダーJP友の会」で、会費無料の「一般会員」と、リコーダーJPを応援していただくため会費をお願いする「賛助会員」があり、そのそれぞれにA会員・B会員があります（ポイント集積の方法が違うだけです）。いずれかの会員になっていただきますと、ＣＤつき製品に付属している「ポイントスタンプ」をご利用いただけるようになります。

(2) ポイントスタンプを集めていただきますと、１ポイントを100円の換算でリコーダーJP製品との引き換えができます。(税額は切り捨て＝９ポイントで945円製品など)引換えは所定の方法でリコーダーJPに直接お申し込みください（お店での引換えはできません）。

(3) 賛助会員様にはリコーダーJPへの応援として月々の会費(800円)をお願いいたしますが、リコーダーJPから感謝をこめて月々の新刊伴奏ＣＤブックから「お勧めの１冊」がプレゼントされます。会費のお支払いには原則として郵便局の自動払い込みをご利用いただきます。詳しくは、お申し込み後に郵送でお届けするご案内をご覧ください。

(4) 賛助会員・一般会員ともに、リコーダーJPのWebサイトの入会　申し込みフォームから入会申し込みを行っていただく方法と、お葉書でお申し込みいただく方法とがあります。(URL=http://www.recorder.jp/club/)

(5) 入会フォームからのお申し込みの場合は「A会員」もお選びいただけます。A会員様はポイントスタンプについてもサイトのフォームから製品シリアルを入力いただくことで蓄積ができます。ポイントと製品の引き換え請求もサイトのフォームから行えます。

(6) お葉書でお申し込みいただいた場合はすべて「B会員」となり、ポイントスタンプは、折り返しお送りする専用貼り付け用紙により集めていただきます。お葉書によるお申し込みをいただく場合は、このページ右下の「ポイントスタンプ」をお葉書に貼り付けていただき、お名前・ご住所・お電話番号を明記の上、
　〒466-0834 名古屋市昭和区広路町石坂 80-1-403 リコーダーJP　友の会係
までお申し込みください。

(7) ご入会いただいた会員様にはすべて、ご入会プレゼントとして非売品の特別製品をお贈りします。そのさい、B会員の皆様には「ポイントスタンプ貼り付け用紙」を同封いたします。

RJP ポイントスタンプ
製品シリアル
No. A873227

リコーダーＪＰからのメッセージ
大人のあなたが今から何か楽器を・・・さて、何を？

　銀色の楽器をかっこよく構えるフルート？　しなやかに歌うヴァイオリン？　それともあこがれのピアノでしょうか。
　どれもすばらしい楽器です。しかし、フルートやヴァイオリンは最低でも数万円から、ピアノに至っては数十万円から。しかも、先生に習って、長期間にわたり、かなりの練習を積まないと、まともに演奏できるようになりません。　音も大きくて普通の家で夜に演奏するのはちょっと無理かも。そう考えると、今まで手が出なかったのには、やはりそれなりの理由が・・・
　そこで。
　リコーダーはいかがですか？
　　●楽器は千円台からあります！
　　●誰でも必ず音が出せます！
　　●普通の家やマンションで練習しても大丈夫！
　　●指使いもシンプルで覚えやすい！
　「・・・でも、子供用の教育楽器でしょ？」
　いえいえ。ちょっと待ってください。

■花形独奏楽器・リコーダー

　バロック時代（17世紀ごろ）、リコーダー（特にアルトリコーダー）は、ヴァイオリンやオーボエ・フルートなどとならぶ、花形独奏楽器だったのです。
　ご存知でしたか？
　リコーダーは、庶民にも貴族にも、そして作曲家たちにもたいへん愛された楽器でした。ヘンデルもバッハもテレマンも、そして他のたくさんの作曲家たち（たとえばJ.C.シックハルト、J.B.ルイエなど）も、みんなリコーダーを独奏楽器とする名曲をたくさん書き残しました。
　ただ、リコーダーのための独奏曲は、チェンバロ（ハープシコード）による伴奏が必要です。リコーダーはチェンバロと相性がいいので、作曲家たちはみんなチェンバロの伴奏を要する曲としてリコーダー独奏曲を書いたのです。

■チェンバロ伴奏をCDで

　そう、チェンバロ伴奏さえあれば、誰でもこれらの名曲を演奏して楽しめる。だけど、チェンバロなんて誰も持っていない。誰も弾かない。これだけが問題だったのです。それで、リコーダーJPは、チェンバロ伴奏が鳴らせるCDを制作することにしました。しかも演奏テンポも、練習用のゆっくりなもの、少しゆっくり目、少し速めなど、みなさんの必要や好みに合うものを使っていただけるようにして。
　これで、数々の名曲がみんなの手に届く。誰もが演奏できるものになる！
　私たちはそう考えています。これからもこつこつとライブラリを増やしていきながら、皆さんがお試しくださるのを待っています。

■プロジェクト「リコーダーＪＰ」について

　「リコーダーJP」は、MIDIピアニスト・MIDIチェンバリスト石田誠司の呼びかけにより、作曲家・リコーダー奏者が協力して推進する、独奏リコーダーの文化を提案するためのプロジェクトです。

　リコーダージェーピー有限会社は、このプロジェクトの推進母体として設立されたものです。会社という形を取ることにより、一定の収入を得てプロジェクトの長きにわたる維持・発展をめざします。

　たくさんの人にリコーダーの楽しみを知っていただくためのプロジェクトを遂行しようとすれば、そこにある程度の事業収入がなければ不可能です。ボランティアでやれることには限界があり、作曲家たちだって少しでも収入につながる夢がなければ、つぎつぎに曲を書くことはできません。

　その意味で、一定の収益を確保できるプロジェクトだけが、ある程度の展開規模を実現でき、プロジェクトとして大きな広がりと力を持つこともできるのではないかと思っています。どうかご理解をお願い申し上げます。

　Webサイトのサーバー運営業務と、楽譜やCD等の頒布について、当プロジェクトの趣旨にご理解をいただきましたカモンミュージック株式会社にお願いしております。

　どうか皆様のご理解をいただき、何とぞリコーダーJPのプロジェクトを応援していただきますよう、切にお願いいたします。

　　　　　　　　　　＊　　＊　　＊　　＊　　＊　　＊　　＊

■「リコーダーＪＰサポーター」を募集しています

　リコーダーJPのプロジェクトは、経済的には極めて厳しい状況に置かれています。会社組織を運営母体に持っているとはいえ、実際には有志が手弁当で支えているのが現実です。そこで、「何か自分にできることがあれば、引き受けて、やってやろう！」とおっしゃってくださるボランティアの皆さんを募集しています。

　こうしたボランティアさんのことを「リコーダーJPサポーター」と呼んでいます。

　「リコーダーJPサポーター」は、基本的にはインターネットを利用してリコーダーJP（主としてディレクター石田）と連絡をとります。そして、その都度相談した上で、たとえば製品モニターや、楽譜制作・演奏制作の下作業、大阪のスタジオでの演奏例演奏など、それぞれのかたにとって無理なく楽しんでいただけることをお願いしています。また、「サポーター通信」という不定期発行メールマガジンもお届けしています。

　ご興味をお持ちいただけたかたは、ぜひリコーダーJPホームページ(http://www.recorder.jp/)から、サポーター登録をお願いいたします。登録はもちろん無料です。

■CDトラックリスト■

モダンピッチによる伴奏
1 第1楽章
2 第2楽章
3 第3楽章
4 第4楽章
5 第5楽章
6 第6楽章

バロックピッチによる伴奏
7 第1楽章
8 第2楽章
9 第3楽章
10 第4楽章
11 第5楽章
12 第6楽章

演奏例
13 第1楽章
14 第2楽章
15 第3楽章
16 第4楽章
17 第5楽章
18 第6楽章

ボーナストラック
モダンピッチ
19 第1楽章 やや遅い伴奏
20 第2楽章 極端に遅い伴奏
21 第2楽章 非常に遅い伴奏
22 第2楽章 やや遅い伴奏
23 第3楽章 やや遅い伴奏
24 第4楽章 やや遅い伴奏
25 第5楽章 やや速い伴奏
26 第6楽章 非常に遅い伴奏
27 第6楽章 やや速い伴奏

ボーナストラックについて

　曲のテンポにはいろいろな可能性がありますので、しっくり来るテンポは人によってかなり違う場合があります。また、快速な楽章は指回りが難しいので、演奏が大変な場合があるでしょう。そういう場合はごくゆっくりのテンポでの練習が有効です。上手なかたでも、ごくゆっくりのテンポでの練習は有益なものです。
　収録したボーナストラックにある伴奏は、このようないろいろな必要に応えるために収録してみたものですから、どうぞご活用ください。

※　本シリーズの製品は、2006年4月発売の製品から「カスタムCD制作サポート」を廃止し、そのかわりにボーナストラックを拡充する仕様変更を行いました。（従来製品に関するカスタムCDサポートはもちろん継続いたします。）今後とも、より便利な製品をめざして努力して参りたい所存です。

ルイエ　ソナタ　イ長調　作品3-11
編著：石田誠司
第1版発行：2009年7月1日

ISBN978-4-86266-143-2
C0073 ¥900E

発行：　リコーダージェーピー有限会社
〒466-0834　名古屋市昭和区広路町石坂80-1-403
TEL 052-893-7281　FAX 052-893-7282